54
Lb 504.

ÉTAT DE LA QUESTION.

DISCOURS

PRONONCÉ

PAR LE CITOYEN MARCHAL FILS,

DOCTEUR-MÉDECIN.

A LA SOCIÉTÉ DÉMOCRATIQUE DE NANCY,

DANS SA SÉANCE DU VENDREDI, 16 JUIN 1848.

(Il faut avoir le courage de son opinion.)

NANCY,

IMPRIMERIE DE HINZELIN ET Cᵉ,

Place du Marché, 67.

1848.

ÉTAT DE LA QUESTION.

DISCOURS

PRONONCÉ

PAR LE CITOYEN **MARCHAL** FILS, D. M.

À LA SOCIÉTÉ DÉMOCRATIQUE DE NANCY, DANS SA SÉANCE DU VENDREDI, 16 JUIN 1848.

(Il faut avoir le courage de son opinion.)

CITOYENS,

Ce n'est pas seulement pour critiquer les actes du Gouvernement que je monte à cette tribune; c'est surtout pour être fidèle à notre programme, pour prêter à la constituante un appui loyal, en réservant notre droit de contrôle et de libre expression sur les actes et les hommes.

Aussi, j'aurai le courage de dire la vérité, persuadé que je suis que c'est le seul moyen de nous éclairer, de rappeler la force et l'union dans nos rangs.

On dira peut-être que je fais de la réaction ; mais la réaction n'est pas toujours de la contre-révolution, cette réaction sera une réaction républicaine, démocratique, j'aurai pour but de dégager le principe des hommes qui le compromettent.

Quatre mois se seront bientôt écoulés depuis le 24 février, et au lieu de la satisfaction générale qui semblait devoir être le fruit naturel de notre révolution, nous sommes sous le coup d'un malaise réel, d'une inquiétude vague, d'un mécontentement général, qui assombrissent à tous les yeux un avenir incertain. Quelles sont les causes du mal? y a-t-il un remède possible? les mécontents appartiennent à toutes les classes, à tous les partis.

Les causes du mécontentement sont :

1° La connaissance acquise brusquement de l'abîme ouvert sous nos pas par la dynastie infâme que nous avons honteusement chassée (1)

2° Le principe de l'égalité (2), qui détruit les prétentions des castes organisées, ou tendant à s'organiser, et raie à tout jamais les priviléges et les distinctions de toute espèce des chartes de l'avenir.

Les autres principales causes de mécontentement sont : le maintien de la paix, qui enlève aux militaires un avenir de combats et d'avancement ; la tendance à l'équilibre social mal comprise, mal expliquée, mal dirigée et partant effrayante ; l'appel fait à l'esprit d'examen, tant redouté de ceux qui ont un intérêt direct à exploiter l'ignorance populaire ; les tentatives subversives des démagogues, c'est-à-dire des intrigants, des vaniteux que la révolution a oubliés et qui désirent de nouvelles agitations pour pêcher en eau trouble ; enfin, le déchet absolu des brillantes promesses qui avaient été faites aux ouvriers et qu'on ne peut pas tenir.

En prenant ce mécontentement général pour point d'appui, et en se faisant un levier puissant d'une multitude égarée, des ambitions déçues, des incapacités notoires, des spéculateurs malheureux espèrent tout d'un nouveau bouleversement.

Telle est notre situation ; un mécontentement général, effet direct et fatal des événements (3), et qui, aux yeux de ceux qui ne sont pas logiciens et qui prennent l'effet pour la cause, rend la République responsable des souffrances préparées par la royauté, et des convulsions qui agitent encore les masses instinctivement soulevées contre l'ancien ordre des choses.

Le calme, cependant, ne succède jamais immédiatement à la tempête, mais quand on souffre on ne réfléchit pas, on accuse.

On pensait que la confiance renaîtrait quand la souveraineté populaire, usant de ses droits, aurait envoyé ses mandataires à Paris, pour organiser franchement une belle et bonne République.

Malheureusement, l'élection surprise, a fait, dans bien des localités, envoyer sur les bancs de la constituante, des hommes qui s'y sont assis avec de nombreuses arrière-pensées ; des hommes de tous les bords, de tous les partis ; des camarillas sans nombre se sont spontanément organisées au sein même de l'Assemblée.

Cette clef de voute de toute construction fait défaut à l'édifice : c'est l'unité; pour sauver la France, nous serons obligés de la prendre plus haut   dans la providence qui veille sur nous et qui nous protége.

Quant au pouvoir exécutif, ses fautes ont été nombreuses; abus fréquents, satisfactions données aux coteries, aux solliciteurs, peu ou point de réformes salutaires dans les différentes branches de l'administration, les personnels trop généralement respectés (4), les traitements maintenus, les congrégations et les corporations respectées, point de gages sérieux donnés à la sécurité et à la moralité publiques, ces éternelles et indispensables sauvegardes de l'industrie dont la prospérité est une condition essentielle de l'existence et du bonheur des nations.

Quelques concessions ont été faites à la multitude qu'on a leurrée de décrets impossibles, qui ont jeté l'épouvante, la consternation dans les classes industrielles et aisées, et qui ont frappé les propriétaires et les octrois des villes, pour dégrever certaines catégories de débitants sans profit pour les consommateurs ; et tout cela, non pas pour tirer d'affaire la République, mais ceux qui étaient au pouvoir en son nom.

Le résultat de ces fautes nombreuses a été : des conspirations sans nombre, l'ébranlement des convictions républicaines, la violation de la souveraineté nationale, l'éternel dicton : ôte-toi de là que je m'y mette, et une question de grand chemin : la bourse ou la vie, substitués aux véritables principes démocratiques.

On a vu, successivement et dans une progression effrayante, le crédit diminuer, le commerce faire faillite, l'ouvrier battre le pavé, et au-dessus de la misère générale, l'intrigue et le vice régner en véritables autocrates, disposer de la plupart des hautes positions sociales, et préparer le naufrage de la République, si son vaisseau pouvait jamais sombrer.

Je le sais, les circonstances étaient difficiles; mais était-il impossible de se mettre à leur hauteur ? toujours est-il que nous avons une marche à suivre pour sortir de ce dédale de scandales et d'abus; c'est la publicité donnée aux actes, c'est l'appel aux consciences des vrais patriotes, c'est une résistance morale organisée, c'est la direction de cet heureux instinct d'ordre et de conservation qui anime les masses, c'est la juste interprétation de la pensée démocratique qui les domine ; en un mot, c'est un prompt recours au bon sens général, qui fera successivement justice des erreurs et de ceux qui les propagent et qui chassera, un jour ou l'autre, les vendeurs du temple. Pour être forts, soyons unis et rattachons nous à une pensée commune d'ordre et de justice qui sauvera la France.

Nous ne voulons pas du drapeau blanc, nous ne voulons pas du drapeau rouge, nous voulons et nous aurons le drapeau tricolore. Nous ne voulons pas de l'aristocratie nobiliaire, mais nous n'acceptons pas davantage celle de démagogues ambitieux et jaloux.

Nous voulons la liberté, l'égalité pour tous et par tous.

Nous ne voulons permettre ni le vol, ni le pillage, ni l'assassinat ; nous voulons le progrés, la liberté par l'ordre, l'égalité par la loi, la fraternité par concession et non à main armée.

L'humanité est évidemment progressive, mais le progrès est lent dans sa marche ; il faut le subir, mais on ne peut le forcer ; ceux qui ne le comprennent pas, et qui veulent accélérer son mouvement, sans tenir compte des lois éternelles qui le gouvernent, compromettent l'avenir.

Est-ce à de tels êtres à nous faire la loi ? est-ce à dire que notre belle patrie verra un avenir prospère lui échapper par le fait de quelques individualités égoïstes ou sottement ambitieuses ?

Non, citoyens, pour qui prend la vérité à son point de départ, et traverse avec elle les siècles passés, il est prouvé :

Que tout progrès rationnel est la résultante de deux forces contraires ; l'une qui pousse à l'excès du mouvement, et l'autre qui tend à nous ramener aux abus — mais la résultante est là, c'est un progrès quand même — ; telle est la loi, qu'il est facile de saisir en passant en revue les faits scientifiques, politiques et sociaux qui sont les matériaux de l'histoire du genre humain.

Ses expressions les plus ordinaires sont : l'association substituée à l'antagonisme dans nos relations sociales, et la centralisation politique ou tendance à l'unité, et dont la plus belle application européeenne, est encore aujourd'hui l'organisation de la France. La Démocratie n'est autre chose que le consentement général donné à cette loi de s'exercer le plus librement possible, à l'abri de toutes ces résistances que soulèvent les préjugés, les erreurs et l'égoïsme.

Par elle nous arriverons, réellement, mais lentement, à la véritable souveraineté populaire, c'est à dire à l'absorption des intérêts particuliers dans l'intérêt général.

Dieu, dont les volontés sont gravées dans l'histoire des peuples, dit formellement à qui veut le comprendre : passez, générations, passez, cette loi, c'est ma loi, et si vous ne la voulez pas, vous la subirez.

Mais, citoyens, quoique forcés de subir la loi, nous n'en

sommes pas moins appelés à faire notre devoir, et à faciliter son application.

Aide-toi le ciel t'aidera, est une autre loi écrite dans nos cœurs ; ayons donc le courage de protester contre les abus, et ne craignons pas les hommes.

Au 24 février, la nation a chassé une dynastie honteuse, qui pesait de tout le poids de la corruption la plus déhontée sur la France avilie.

Une Commission improvisée, sentant le boudoir et la barricade, s'était jetée au timon des affaires.

Sa mission était de faire un appel à la souveraineté populaire et de prévenir l'anarchie.

La place était belle, le moment opportun, on avait accepté à l'unanimité la République, et on subissait les hommes au pouvoir comme une nécessité.

Qu'ont fait ces grands hommes d'Etat ? ils ont provoqué la malveillance des uns, les craintes justement fondées des autres, et ont enlevé au Gouvernement toute sa force : la confiance générale. Par une série de décrets impossibles, ils ont successivement préparé la ruine des rentiers et des industriels ; ils ont dit : il faut bien faire quelque chose pour le peuple, et qu'est-ce que le peuple ? sinon la nation entière, sans capitalistes point d'industrie, sans industrie point d'ouvrage, et sans ouvrage les ouvriers meurent de faim.

Ces hommes, nous les avons jugés par leurs œuvres, la Providence ne voulait pas d'eux ; il les fallait dévoués à la cause républicaine, et bien persuadés qu'il faut au peuple plus d'exemples que de préceptes ; étaient-ils en état d'en donner de bons ? leur conduite nous fait penser le contraire ; ils avaient à leur disposition, un puissant levier, c'était le besoin d'ordre, un solide point d'appui ; c'était la nation, rien que la nation, et toute la nation. Mais ils ont préféré perpétuer le désordre et les abus ; venait-on à réclamer ; voici la réaction disaient-ils, pour nous effrayer, et leur conduite était une réaction permanente contre le bon sens et la justice.

Ils se posaient en athlètes de je ne sais quel peuple, et ils oubliaient que le peuple, le vrai peuple, c'est l'armée, la bourgeoisie, le commerce, l'agriculture, la nation en un mot. Cette nation frappée de mort par leurs décrets insensés et leurs méfaits administratifs ; c'est-à-dire, l'arrivée dans l'administration de gens tarés et incapables (5).

Loin de chercher le mérite, on a écouté les solliciteurs, et quels solliciteurs ! il fallait moraliser, on a démoralisé ; il fallait de l'ordre, il y a eu de l'anarchie.

En un mot il fallait réformer des abus sans nombre, et on a comblé la mesure.

C'est ainsi qu'ils ont compromis les élections, et que par leur conduite déloyale, ils ont donné le droit de reparaître sur la scène politique à des hommes qui n'eussent pas osé s'y montrer, si ceux qui étaient au pouvoir avaient été ce qu'ils devaient être.

La nation indisposée contre eux, a accueilli et fait réussir des candidatures impossibles dans d'autres circonstances, et des gens sont arrivés à la Constituante, pleins de mauvaise volonté pour la République, et bien décidés à tout faire pour prévenir son établissement.

Cette fameuse commission, dite d'organisation, dissoute, un autre pouvoir exécutif a été nommé, mais le mauvais esprit de la commission a continué à diriger les actes de ce nouveau pouvoir, et a préparé la voie à de nouveaux abus, à de nouveaux désordres qui ont été jusqu'à la violation de l'assemblée nationale dans la journée du 15 mai.

Aussi, bien des esprits, prenant une cause pour l'autre, se sont persuadés que notre révolution sublime était la source d'événements aussi déplorables ; qu'il fallait tarir cette source, et prévenir l'établissement d'une République qui doit en être la conséquence directe, si nous sommes conduits et dirigés par des hommes d'honneur et de cœur.

Aujourd'hui, il est évident qu'il y a intention formelle de la part d'un bon nombre de Français à vouloir toute autre chose que la République ; intention qui se fortifie encore, en raison des délais interminables apportés dans la présentation d'une constitution désirée, et reposant sur des bases essentiellement démocratiques. En différant trop son œuvre, la Commission de constitution, a permis aux hommes de mauvaise volonté de prendre pied dans l'opinion, et d'y préparer une réaction contre-révolutionnaire, d'autant plus facile que par l'expérience déjà acquise d'une République sans institutions démocratiques, c'est-à-dire : d'un Gouvernement bien plus mauvais que le plus mauvais Gouvernement monarchique ; les populations ont été amenées à considérer une bonne République comme une chose impossible.

Cet état prolongé indéfiniment, menaçait de devenir une vaste conspiration ourdie contre la République, conspiration à laquelle nous prenions tous part, en ne protestant point contre les hommes en faveur du principe.

Heureusement, un délai est prévu et arrêté, et on nous fait

espérer sous quelques jours, la venue en pleine constituante d'une belle et bonne constitution.

Quoiqu'il en soit lassitude (6) générale, misère profonde, anarchie au moral et au physique, voilà encore aujourd'hui les éléments sur lesquels comptent les ennemis de la Révolution, pour revenir au pouvoir. — Au sein même de la constituante, nous voyons les catégories suivantes se dessiner :

Les Bonapartistes (7) ;

Les Orléanistes avec ou sans régence ;

Les Légitimistes ;

Les Démagogues

se forment en camarillas et rayonnent dans les grands centres de population, et de ceux-ci dans les plus petites communes, pour préparer les esprits, et arriver à des moyens d'exécution ; ils n'ont qu'une idée en commun, c'est de rendre la République impossible, et de provoquer par l'anarchie une réaction qui livrerait la France à l'intrigant le plus audacieux, au plus fort ou au plus adroit, je le répète

Deux mots résument tout leur système : fatiguer, diviser.

Quant à nous, nous rêvions un principe abrité par des lois éternelles d'ordre et de progrès ; nous sommes-nous trompé d'heure dans son application ? Je ne le pense pas ; au reste, c'est à un avenir prochain à décider la question.

Il fallait pour arriver franchement et immédiatement au but, des hommes probes, courageux, d'une intelligence éclairée ; c'était en envoyant à Paris des hommes capables d'organiser une République, qu'il était permis d'espérer pour l'avenir des conditions de bien-être, de perfectionnement moral pour tous, et de concilier des intérêts opposés en apparence. Mais, je l'ai déjà dit : malheureusement l'élection a été surprise, les patriotes ont fait tout ce qu'ils ont pu, et en définitif, il y a eu plus de résignation que de satisfaction dans les résultats.

Certainement, nous ne manquons pas d'hommes probes et dévoués dans l'assemblée nationale, mais en se laissant dominer par les événements, ils nous ont presque fait douter d'eux.

Nous voulions l'ordre, mais nous entendions conserver notre dignité ; nous voulions concilier tous les intérêts, mais nous ne devions pas faire de lâches concessions aux éternels ennemis du bien public.

C'est en s'appuyant sur l'intérêt personnel, sur des passions honteuses et égoïstes, qu'un Gouvernement infâme s'est perdu en ouvrant sous nos pieds un abîme que des cœurs nobles et désintéressés étaient seuls appelés à fermer.

C'était en voulant franchement arriver au même but, en organisant immédiatement la République, qu'on pouvait assurer au pays des conditions d'ordre et de tranquillité nécessaires à tous, à ceux qui possèdent comme à ceux qui n'ont rien, aux riches et aux pauvres, et plus encore aux pauvres qu'aux riches (8) en effet, que les classes moyennes et supérieures souffrent ; le commerce languit, l'industrie souffre et murmure, les banqueroutes se multiplient, les monts-de-piété regorgent, les économies s'épuisent, le travail cesse et le peuple meurt........ meurt de misère. Tant il est vrai que l'on ne peut échapper à la loi de solidarité, à cette grande loi du *consensus unus* qui passe de l'individu à la société, loi invariable qui range toutes les classes sous son inflexible niveau.

Le programme immédiat était : 1° L'ordre et la propriété respectées.

2° Révision de tous les emplois, suppression de tous les cumuls, de toutes les sinécures, de tous les rouages inutiles ; réduction des traitements ; au lieu de cela on a cru pouvoir marcher avec les hommes et les abus de l'ancien Gouvernement (9).

3° Choix d'hommes honnêtes, capables, républicains-pratiques, mis à la tête des administrations, et avancés dans la magistrature, dans l'armée ; au lieu de cela les choix ont été si malheureux, que des populations entières se sont soulevées pour ne pas subir de pareilles autorités.

4° Suppression sans exception des corporations, des congrégations.

5° Réunion de l'Algérie à la France, rétablissement de la nationalité polonaise, la guerre.

6° Liberté de la presse et du droit d'association, le principe électif largement appliqué.

7° Enfin, préparer par l'instruction, par les encouragements et surtout par l'exemple la régénération des consciences.

Au reste, quoiqu'il arrive, l'histoire à la main, on ne peut se dissimuler que les sociétés marchent à pas certains vers un avenir meilleur, et qu'elles sont fatalement soumises à la loi éternelle du progrès qui déroulera, insensiblement, les applications fécondes de notre belle devise : Liberté, Egalité, Fraternité.

L'homme ignorant, seul, ou de mauvaise foi, peut méconnaître les progressifs instincts qui dirigent les sociétés.

La Providence fait les événements que nous sommes appelés à subir, Dieu se révèle à nous de plus en plus dans l'application de ses attributs sublimes aux plans de l'univers.

C'est dans l'étude de ses lois que nous apprenons à le connaître, dans leur application que nous apprenons à le servir ; c'est dans leur défense que se signalent ceux qui sont marqués du doigt sacré pour être les interprètes et s'il le faut, les martyrs de la foi démocratique.

Liberté, *Egalité*, *Fraternité*, c'est sous votre étendard que marchent les vrais croyants ;

C'est sous votre étendard que les sociétés vraiment démocratiques sont appelés à exercer un libre et utile contrôle sur les affaires de ce monde.

Mais en dehors de ces beaux principes, de ces premiers éléments de la science humanitaire ; il n'y a rien que des individus qui s'agitent dans le tourbillon des passions, et obéissent à des instincts d'égoïsme.

Au reste, la lutte a toujours existé entre les hommes et les principes ;

C'est au nom des martyrs des temps passés dont la mission s'est accomplie, au nom de tous ceux que la Royauté maudite a frappé dernièrement encore, et pour assurer le succès de leur cause qui est la nôtre, que je demande aux démocrates : l'union entre eux, la persévérance dans l'action, la prudence dans les moyens.

Ne nous montrons pas indignes des efforts des hommes d'élite qui nous ont précédé dans la carrière, ne doutons pas de la bonté de notre cause, parce que quelques hommes se sont montrés au-dessous de leur mission et ont rendu l'évidence moins claire à la plupart des esprits ; soyons sûrs qu'en ne déviant pas de la ligne du devoir, nous arriverons au but.

Le navire de l'Etat que des vagues orageuses soulevées par les passions, les erreurs et les préjugés, semblent menacer du naufrage, finira par toucher au port ; que son équipage se rassure, c'est le génie du progrès et de l'avenir qui est à la barre du gouvernail, et il serait en droit de vous dire comme le Christ à ses apôtres : Hommes de peu de foi, vous doutez et vous êtes avec moi.

Oui citoyens,

Rattachons-nous à deux grands principes : *Ordre et Progrès*.

Progrès dans les sciences, progrès dans les faits sociaux et politiques ; aidons l'homme à se développer sous son triple point de vue intellectuel, moral et physique et en triple harmonie avec lui-même, ses semblables et le monde extérieur.

Tel doit être notre but, tel doit être le véritable apostolat démocratique !

Prenons pour pierre de touche, pour juge de nos opinions et de nos actions, le bon sens universel et pour levier notre bonne volonté à tous.

Vive la République !

J. MARCHAL, docteur-médecin.

NOTES.

(1) La crise financière préparée de longue main, a mécontenté tous les rentiers, et en détruisant leur confiance a subitement arrêté la circulation du numéraire, et frappé de mort la plupart des industries.

(2) En vertu du principe de l'égalité, les nobles sont frappés dans leurs titres, les oligarques dans leurs espérances de nouvelles catégories sociales : *undè iræ*.

(5) Ces maux accompagnent généralement même les révolutions les plus admirables par le calme et la promptitude avec laquelle elles s'opèrent; la mise en effervescence des opinions contraires, le réveil donné à des milliers d'ambitieux et la terreur inspirée aux hommes tranquilles ou timides, les uns et les autres donnés comme auxiliaires au despotisme et l'arbitraire continué impunément sous d'autres noms et par d'autres hommes; certes voilà des conséquences auxquelles on ne doit pas s'exposer sans garantie, elles n'arrivent pas toujours, mais qu'on lise l'histoire et on verra qu'elles sont arrivées souvent. En résumé, le plus coupable dans les révolutions est celui qui les rend inévitables.

(4) Le fumier administratif légué par l'ancien gouvernement était-il un engrais salutaire pour l'arbre de la liberté? Nous faisons bien des lois a dit un constituant, mais elles ne sont pas exécutées.

(5) Il y a cependant parmi les nouveaux fonctionnaires des hommes honorables et qui ont bien mérité de la patrie.

(6) Tous les intérêts sont en souffrance — l'agriculture voit ses produits au-dessous du cours voulu pour rembourser ses frais — et en revanche ses charges sont augmentées; le commerce de luxe a ses magasins encombrés et ne peut plus occuper les ouvriers, il en est de même pour les grandes industries, etc.

(7) Il est aisé de voir, surtout par son refus d'accepter la députation, que Louis Bonaparte vise plus haut qu'une présidence ; son but est 1° de ne pas s'user dans les débats d'une constituante; 2° de conserver la liberté de ses actions ; comme au pis-aller, il pourrait bien accepter la présidence de la République, quitte à la transformer plus tard; il est nécessaire que nos constituants n'abandonnent pas l'élection d'un président aux chances incertaines du suffrage direct et universel.

(8) Ce que nous voulons, c'est la république des gens honnêtes et ils comprennent facilement qu'il n'y a pas d'industrie possible, pas de produits sans des avances du capital; s'il est compromis, on aime mieux

l'enfouir ou le consommer ; les terres qu'il aurait fructifiées restent stériles, les bras qu'il aurait mis en activité demeurent oisifs ; ceux qui possèdent, disposent encore et avec parcimonie de quelques ressources et peuvent attendre des temps meilleurs ; mais le pauvre ne le peut pas ; pas d'ouvrages, pas de salaires ; c'est la mort par la faim. Si les socialistes ne s'écartaient jamais du bon sens, ils admettraient comme nous qu'il faut avant tout rester dans les limites du possible.

(9) Il est honteux d'avoir voté 48,000 fr. pour le président de la chambre et de n'avoir pas songé à réduire bon nombre de traitements. Aujourd'hui nos autorités n'auront plus de frais de représentation ; il faudrait en effet recevoir tout le monde, c'est-à-dire qu'on ne pourra plus recevoir personne, aussi les préfets par exemple, seraient très-bien rétribués, si on mettait leur traitement à 12000 fr. seulement, etc.